D1942609

Sigrun Seehuber

Sonnenblumen

Die schönsten Floristik-Ideen

CHRISTOPHORUS
BRUNNEN-REIHE

SEIT MEHR ALS 30 JAHREN STEHT DER NAME „CHRISTOPHORUS" FÜR KREATIVES UND KÜNSTLERISCHES GESTALTEN IN FREIZEIT UND BERUF. GENAUSO WIE DIESER BAND DER BRUNNEN-REIHE IST JEDES CHRISTOPHORUS-BUCH MIT VIEL SORGFALT ERARBEITET: DAMIT SIE SPASS UND ERFOLG BEIM GESTALTEN HABEN – UND FREUDE AN SCHÖNEN ERGEBNISSEN.

ISBN 3-419-55877-5

Styling und Fotos: Peter Nielsen, Umkirch
Reinzeichnungen: Uwe Stohrer, Freiburg
Umschlaggestaltung: Network!, München
Produktion: Print Production, Umkirch
Druck: Freiburger Graphische Betriebe, 1997

CHRISTOPHORUS
Bücher mit Ideen

Inhalt

3 VORWORT
4 MATERIAL UND TECHNIK

6 LUSTIGER BEERENSTRAUSS MIT WICHTEL
8 GESTECK FÜR EINE VASE
11 EFEUKRANZ MIT BÄR
12 SCHMUCK FÜR TÜR UND WAND
15 AUFLEGER MIT ANTIK-SONNENBLUME
16 FRÜCHTESTRAUSS
18 WEIDENLEITER MIT HERBSTLICHEM GEBINDE
21 BUNTER SOMMERKRANZ
22 WANDSCHMUCK MIT CANNASTÄBEN
24 BEERENKRANZ
27 WILDBLUMEN-GESTECK
28 GETREIDEBÜNDEL MIT GROSSER SONNENBLUME
30 WEIDENSCHAUKEL MIT KUH

Vorwort

Am kräftigen, leuchtenden Gelb erfreut sich wohl jeder, der ein Sonnenblumenfeld sieht. Deshalb macht es besonders viel Freude, sich diese schönen Blumen, kombiniert mit Blüten, Blättern und Beeren, als immerwährenden Schmuck ins Haus zu holen.

In diesem Band stelle ich Ihnen die verschiedenen Sonnenblumen vor, die im Hobby-Fachhandel erhältlich sind. Aktuell sind Arrangements bei denen Früchte und Beeren mit eingearbeitet sind. Sie bringen eine Spätsommeratmosphäre ins Zimmer. Ein garantierter Blickfang! Natürlich eignen sich die Gestecke, Sträuße und Gebinde auch gut zum Verschenken. Wie wäre es mit einem schönen Türkranz für eine liebe Freundin oder vielleicht zum Einzug?

Schon das Binden macht viel Freude und zu jeder floristischen Arbeit können Sie noch pfiffige Accessoires aussuchen: kleine, freche Vogelscheuchen, einen lustigen Drachen und vieles mehr.

Viel Spaß wünscht Ihnen

Sigrun Seehuber

Material und Technik

Material
Grundmaterial zum Einbinden und Füllen sind: Blätterzweige oder Blätter die von den Blüten abgeteilt werden. Erikamoos, Seegras, Isolepis, Broom Blooms und Bast sind Dekorations- und Füllmaterialien. Sie werden nur sparsam eingearbeitet.

Hilfsmittel
• Zum Festbinden verwendet man grünen Binde- (0,3 mm) oder Wickeldraht (0,4 mm).
• Zum Verlängern oder Befestigen der Stiele oder Schleifen Steckdraht (0,6, 0,7 oder 0,8 mm) in Grün oder blaugeglüht.
• Zum Befestigen verschiedener Teile auf einem Gegenstand ist die Heißklebepistole von großer Hilfe.
• Zum Kürzen und Teilen wird eine Zange, für leichtes Material eine stabile Schere benutzt.
• Floristenband in Grün (2,5 cm breit) dient zum Versäubern aller Stielenden.

Grundanleitung Schleife
Für eine doppelte Schleife werden 1,5 bis 2 m Band benötigt.

❶ Einfache Schleife: Das Band in der Mitte halten, die rechte Seite liegt dabei unten. Band zwischen Daumen und Zeigefinger der linken Hand legen. Eine kleine Schlinge von rechts zur Mitte und anschließend von links zur Mitte legen. Beide Bandenden hängen nach vorne ab.

❷ Doppelte Schleife: Schritt 1 und zusätzlich eine weitere Schleife darüber binden.

❸ Je nach Schleifenstärke einen entsprechenden Draht zum Abbinden verwenden. Den Draht um die

Mitte der gekreuzten Schleifenstelle legen, auf der Rückseite fest zusammendrehen.

Grundanleitung Strauß

❶ Kurze Blätter und Blüten, die von den Hauptstielen mittels einer Zange getrennt wurden, müssen mit Draht (0,7 mm) verlängert werden.

❷ Das Binden mit der Mittelblüte beginnen, an deren Stiel der Bindedraht oder Bast befestigt wird. Verschiedene Gräser, Buchs oder Blüten um die Mittelblüte, die etwas höher steht, anlegen und mit Draht die Stiele fest umwickeln. Die nächste Reihe auf diese Weise weiterführen und darauf achten, daß der Strauß breiter und gleichmäßig rund gebunden wird.

Grundanleitung Kranz

❶ Der Bindedraht wird am Welldrahtring (erhältlich in verschiedenen Größen) befestigt und jedes Teil, das aufgelegt wird, muß mit dem Draht festgebunden werden.

❷ Das Material, wie beispielsweise Blätter, werden als Anfang benutzt. Sie bestimmen die Kranzbreite. Blüten und Beeren sowie das Füllmaterial wird aufgelegt und sie ergeben die Fülle des Kranzes. Abwechselnd das Floristikmaterial in Gruppen gleichmäßig bis zum Gebindeende verarbeiten. Dabei wird die gleichmäßige Form eingehalten.

❸ Die Rückseite bleibt flach. Deshalb den Kranz beim Binden immer wieder zur Kontrolle auf den Arbeitstisch legen.

❹ Die langen Stiele am Gebindeende unter den Bindeanfang schieben und mit einer Zange kürzen. In die Lücke, die zwangsläufig entsteht, wird eine Schleife eingezogen.

❺ Als Wandaufhängung wird auf der Rückseite ein Band oder eine Drahtschlaufe eingezogen.

Lustiger Beerenstrauß mit Wichtel

Material

- Wichtel
- Marienkäfer
- versch. Beerenpick und -zweige
- Ranunkel, creme
- Trollblumen, gelb
- Sumpfbeerenzweig
- Wiesendoldenzweig
- Efeubusch
- Farn und versch. Blätter
- Kordel, rot
- Bast, naturfarben
- kl. Holzperlen, naturfarben u. rot
- Rebenmanschettengeflecht mit Stiel

Hilfsmittel

- Bindedraht
- Messingdraht
- Wickeldraht

1. Das Material bindegerecht vorbereiten, siehe Seite 4.

2. Auf die Rebenmanschette den Wichtel und den Marienkäfer kleben.

3. Einige Blüten und Gräser durch das Rebengeflecht ziehen und die unteren Pfanzenteile mit Wickeldraht (0,4 mm) festbinden.

4. Die Blumen, Beeren und Gräser in abwechselnder Höhe unregelmäßig in und um die Rebenmanschette anordnen. Das Arrangement mit Bindedraht (0,4 mm) zum Strauß binden.

5. Mit größeren Blättern den Strauß unterlegen. Sie ragen unter der Rebenmanschette hervor.

6. Die rote Kordel locker mit Bast umwickeln. An verschiedenen Stellen dekorativ verknoten. Anschließend die Kordel mit dem Bast in weich fallenden Bögen in den Strauß einziehen.

7. Die kleinen Holzperlen in den Farben Natur und Rot mit Messingdraht (0,3 mm) aufziehen. Dazwischen einige Bastschleifen binden. Die Perlenschnüre abschließend in den Strauß einarbeiten.

Gesteck für eine Vase

Material

- 2 große u. 4 kleinere Sonnenblumen
- Beerenzweig, blau
- Blütenrispen, weiß
- Efeubusch
- Cannastäbe, gelb
- Zedernzweige
- Orangenscheiben
- Getreide
- Naturbast
- Flachsband, naturfarben
- Sonnenblumenband, 4 cm
- Keramikvase

Hilfsmittel

- Trockensteckschwamm
- Draht
- Goldbouillon
- Messer

❶ Der Steckschwamm wird mit einem Messer auf das Maß der Vase zurechtgeschnitten.

❷ Efeu und Zedernzweige auf beiden Seiten der Vase formgebend und abhängend im Steckschwamm anbringen.

❸ Den Naturbast locker knoten und von rechts nach links über die Gesteckmitte legen.

❹ Erst in diesem Arbeitsgang werden die beiden großen Sonnenblumen in der Höhe etwas versetzt eingesteckt.

❺ Dazwischen die Cannastäbe mit Draht (0,9 mm) anbringen.

❻ Die restlichen Blüten, Beerenzweige und Blätter einarbeiten.

❼ Die Orangenscheiben mit dem Goldbouillon umwickeln. Das Getreide zu einzelnen kleineren Getreidebüscheln zusammenfassen und beides in dem Gesteck anordnen.

Efeukranz mit Bär

❶ Der kleine Bär wird in die Mitte des Efeukranzes eingeklebt.

❷ Von dieser Stelle ausgehend werden die verschiedenen Blüten und Beerenrispen entlang beider Kranzhälften auf dem Efeu arrangiert und eingeklebt.

❸ Aus dem naturfarbenen Bast eine Schlaufe binden und unter dem Bären befestigen.

❹ Aus dem gestreiften Band eine doppelte Schleife, siehe Seite 4, binden und zusammen mit dem Flachsband seitlich von der Bastschlaufe anbringen.

❺ Die Tontöpfchen werden in unterschiedlicher Länge an Baststreifen geknotet und anschließend am Kranz befestigt.

❻ Einige Orangenscheiben mit Messingdraht auffädeln und unter dem Bären anbringen. Die restlichen Orangenscheiben auf dem Kranz anordnen und festkleben.

❼ Abschließend wird der Rebenzweig in die runde Form des Kranzes gebracht und ebenfalls festgeklebt.

Material

- **Bär**
- **Efeukranz, ∅ 25 cm**
- **Wildblütenzweig, weiß**
- **Vergißmeinnicht, blau**
- **kleine Sonnenblumen**
- **Brombeerenzweige**
- **Weinrebenzweig**
- **Orangenscheiben**
- **Naturbast**
- **Tontöpfchen**
- **Band, blaugestreift, 4 cm**
- **Flachsband, naturfarben, 10 cm**
- **Zaungeflecht**

Schmuck für Tür und Wand

Material

- 2 große u. 1 kleine Sonnenblume
- Weidengitter
- Hafer
- Beerenzweig, rot
- Brombeerenzweig, schwarz
- Knopfkamille
- Broom Blooms
- Herbstblätterzweig
- Binsenkolben, braun
- Naturbast
- Tontöpfchen
- Sonnenblumenband, 4 cm

Hilfsmittel

- Bindedraht
- Floristenband

❶ Das Material wird hier nacheinander, vom längsten Teil (z.B. Hafer oder Binsen) beginnend, aufeinandergelegt, bis es eine schöne bukettartige Form erreicht hat.
Beim Binden sollte darauf geachtet werden, daß das Bukett in einer lockern Weise arrangiert wird.

❷ Falls zu große Zwischenräume entstehen, können diese mit weiterem Material, wie Broom Blooms, weiteren Blüten oder Blättern ausgefüllt werden.

❸ Das Bukett wird mit Bindedraht, (0,4 mm), gebunden.

❹ Aus dem Sonnenblumenband eine Schleife legen, Anleitung siehe Seite 4. Die Schleife auf das Bukettende ansetzen und die überstehenden Stiele der Pflanzenteile zurückschneiden, so daß die Schleife die Enden verdeckt.

❺ Zusätzlich die gekürzten Stielenden mit Floristenband versäubern.

❻ Das Bukett anschließend auf dem Weidengitter mit Draht befestigen. Die kleinen Tontöpfchen mit naturfarbenem Bast anknoten, in der Höhe versetzt in das Bukett binden und am Gitter abhängen lassen.

Aufleger mit Antik-Sonnenblume

1 Beim Arrangieren dieses Gebindes wird mit dem großen Blatt begonnen.

2 Nacheinander werden die Sonnenblumen, Vergißmeinnicht, Blüten- und Beerenzweige auf das Blatt gelegt und mit Bindedraht (0,3 mm) an dessen Stiel befestigt.

3 Drei Elefantenreedsstäbe in der Mitte mit dem Blumensteckdraht (0,8 mm) abbinden und auf die Drahtstelle eine lockere Bastschleife aufbinden. Diese darf schwungvoll hervorragen. Das Ganze zwischen die zwei Sonnenblumen einziehen. Dann den Apfel und die restlichen Blüten einarbeiten.

4 Aus dem blauen und dem Sonnenblumenband eine doppelte Schleife legen, siehe Anleitung auf Seite 4. Beide Schleifen am Blattstiel anbringen.

5 Dieser farblich harmonische Aufleger ist als Mitbringsel sehr beliebt, da er auch rasch angefertigt ist. Es findet sich immer ein geeigneter Platz zur Dekoration.

Material

- 2 Sonnenblumen
- großes Blatt
- Beerenzweig, blau
- Heidelbeerenzweig, blau
- Blütenrispenzweig, blau
- Vergißmeinnicht, blau
- Elefantenreedsstäbe, blau
- Broom Blooms
- Binsen, braun
- Naturbast
- Sonnenblumenband, 4 cm
- Satinband, blau, 0,8 cm

Hilfsmittel

- Bindedraht
- Blumensteckdraht

Früchtestrauß

Material

- Schafgarbe, weiß
- Papiersonnenblume
- Beerenpick
- Brombeerenzweig, schwarz
- Wildblütenzweig, blau
- Beerendoldenzweig, gelb
- Moosröschen, blau
- Ruskuszweige
- Eukalyptuszweige
- große Blätter
- Kordel, blau
- Bast, blau
- Broom Blooms
- Isolepis

Hilfsmittel

- Schere
- Zange
- Wickeldraht

❶ Der Strauß wird nach der Grundanleitung von Seite 5 gearbeitet. Die Sonnenblume ist bei diesem spätsommerlichen Strauß der Blickfang.

❷ Das vorbereitete Material wird nach und nach um die Sonnenblume gruppiert.
Zwischen den Blüten und Beerenzweigen immer etwas Broom Bloom mit einbinden. Die Birnen mit Draht (0,9 mm) befestigen und nebeneinander einsetzen.
Alle Blüten und Beeren sollen gut sichtbar in den Strauß gebunden werden. Die Stiele werden unterhalb der Sonnenblume mit Wickeldraht festgebunden.

❸ Beim Binden des Straußes sollte darauf geachtet werden, daß er eine flache und kompakte Form erhält.

❹ Einige Blätterrispen ragen über den Strauß hinaus, dadurch wirkt er wesentlich leichter.

❺ Der blaue Bast und die blaue Kordel werden zu einem dreisträngigen Zopf geflochten. Danach in Halbbogenform über die Oberseite des Straußes legen und mit Draht befestigen.

Weidenleiter mit herbstlichem Gebinde

Material

- Weidenleiter
- Vogelscheuche
- Drachen
- Wildblütenzweig, weiß
- Beerenzweige, rot u. orange
- Brombeerenzweig, schwarz
- Ranunkel, orange
- Broom Blooms
- versch. Gräser
- Blätterzweige
- Ruskusblätterzweig
- Orangenscheiben
- Naturbast
- Band, orange
- Kordel, grün
- Isolepis

1. Das Material bindegerecht vorbereiten. die langen Blüten- und Blätterstiele werden mit einem Seitenschneider gekürzt.

2. Das Gebinde wird in einer lockeren, länglichen Form angefertigt.
Die Bindearbeit beginnt mit einem Ruskuszweig an dem der Bindedraht (0,4 mm) befestigt wird.

3. Darauf werden nacheinander die Blätter- und Beerenzweige sowie die Blüten aufgelegt und festgebunden bis das Gebinde die gesamte Länge der Leiter erreicht hat

4. Seitlich des Gebindes werden die Blätterzweige eingearbeitet. In die Mitte noch zusätzlich Broom Blooms, Isolepis und Bastschleifen als Füllmaterial mit einbinden.

5. Den Abschluß bildet die orangefarbene Schleife, die am oberen Ende der Leiter angebracht wird. Anleitung zum Binden einer Schleife auf Seite 4.

6. Das Gebinde wird in einem leichten Bogen auf der Leiter angedrahtet.

7. Als weiteres Accessoire wird die kleine Vogelscheuche am oberen und der Drachen am unteren Leiterende befestigt. Die Orangenscheiben im Gebinde verteilt einkleben.

Hilfsmittel

- Seitenschneider
- Bindedraht

Bunter Sommerkranz

❶ Zuerst werden einige grüne Blätter und Gräser auf den Welldrahtring gelegt. Dadurch wird schon die endgültige Breite des Kranzes festgelegt. Blätter und Gräser mit dem Bindedraht (0,4 mm) befestigen.

❷ Die Blüten, Beeren und Gräser in abwechselnder Reihenfolge auf der Kranzoberfläche anordnen.

❸ Seitlich und zwischen den Blüten und Beeren genügend Grün mit einarbeiten, damit die Blüten gut zur Geltung kommen.

❹ Auf diese Weise fortfahren, bis der gesamte Kranz gebunden ist. Bei dieser Bindeart ist es besonders wichtig, mit der begonnenen Höhe und Breite konsequent fortzufahren. Denn nur so wirkt der Kranz harmonisch.

❺ In den Zwischenraum von Bindeanfang und -ende wird aus dem Sonnenblumenband eine doppelte Schleife mit dem blauen Satinband eingebunden. Anleitung siehe Seite 4.

❻ Auf der Rückseite des Kranzes eine Drahtschlinge als Aufhänger anbringen.

Material

- Sonnenblumen
- Ranunkel, orange u. blau
- Margeriten, weiß
- Gypsophila, blau
- Skabiosa, orange
- Vergißmeinnicht, weiß
- viele versch. Blätter
- Blaubeeren
- Erikamoos
- Isolepis
- Seegras
- Naturbast
- Welldrahtring
- Sonnenblumenband, 4 cm
- Satinband, blau, 0,8 cm

Hilfsmittel

- Bindedraht

Wandschmuck mit Cannastäben

Material

- 2 Sonnenblumen
- 2 Rittersporn, blau
- Ranunkel, blau
- Hortensie, blau
- Waldreben-zweige, naturfarben
- Zedernzweige
- Efeu
- Eukalyptus
- Fikus u. große Blätter
- Rebenkugel
- Cannastäbe, blau, 1m
- Bast, blau
- Schafgarbe, weiß

Hilfsmittel

- Blumensteck-draht

❶ Die Cannastäbe mit der Heißklebepistole leicht über Kreuz aufeinanderkleben.

❷ Seitlich der gekreuzten Mitte größere Blätter aufkleben.

❸ Nacheinander, vom Zentrum ausgehend, Rebenkugel, Sonnenblumen, Hortensie und lange Blätter- und Blütenzweige nach rechts und links entlang der Cannastäbe einarbeiten.

❹ Den Bast locker zu einer Schlaufe legen, dann mit Blumensteckdraht (0,7 mm) abbinden und lückenfüllend in das Gebinde einarbeiten.

❺ Die Waldrebenzweige werden in leicht gebogener Form im Gebinde fixiert.

Beerenkranz

Material

- versch. Beeren u. Früchtepicks
- Eicheln
- Brombeeren
- Hagebutten
- Kürbis
- Pflaumen
- Blätter
- Erikamoos
- Seegras
- Isolepis
- Broom Blooms
- Naturbast
- Band in Farbe der Beeren
- Welldrahtring, ∅ 16 cm

Hilfsmittel

- Bindedraht
- Blumendraht
- Zange
- Schere

Stellen Sie sich die Früchte und Beeren für Ihren individuellen Kranz selbst zusammen. Die Auswahl in den Hobby-Fachgeschäften ist groß und man wird Sie dort auch entsprechend beraten.

❶ Die Früchte und Beerenpicks werden je nach Farbe nacheinander auf den Welldrahtring gelegt.

❷ Mit Blättern und Gräsern die Beerenpicks einbetten und immer mit Bindedraht (0,4 mm) festbinden. Dabei müssen die einzelnen Picks gut sichtbar bleiben.

❸ Beim Binden muß stets darauf geachtet werden, daß die Kranzunterseite flach bleibt. Sonst würde der Kranz später von der Tür oder der Wand abstehen.

❹ Zwischen Beeren- und Früchtegruppen werden kleine Bastschleifen und Strohhalmbündel miteingebunden.

❺ Die farblich passende Schleife nach der Anleitung auf Seite 4 binden und in die Lücke zwischen Gebindeanfang und -ende einziehen.

Wildblumen-Gesteck

1. Einen Würfel Steckmasse mit Heißkleber auf den Teller kleben und mit Islandmoos abdecken, welches mit den Strohblumennadeln festgesteckt wird.

2. Mit der Steckarbeit beginnen. Die Blüten- und Blätterzweige werden auf die richtige Länge gekürzt.

3. Seitlich lange Ruskuszweige, die über den Teller hinausragen in die Steckbasis einfügen und zwar von beiden Seiten.

4. Dann mit der längsten Blüte, in diesem Falle das Sumpfdoldengras, die Höhe bestimmen. Jetzt nacheinander nach unten und seitlich die Blüten und Blätter locker einstecken.

5. Stecken Sie den schönen Teller nicht zu üppig aus. Er sollte noch zur Geltung kommen.

6. Das eingelegte Strelizienblatt soll die Natürlichkeit des Wildblumen-Gestecks noch betonen.

Die freche Vogelscheuche wird seitlich eingearbeitet.

Material

- Terrakotta-Teller
- Ranunkel, creme
- Hortensie, creme
- Bärgras
- Hollunderblütenzweig
- Ruskuszweig, natur
- Weinlaubzweig
- Naturbast
- Sumpfdoldengras
- Eukalyptuszweig
- Strelizienblatt
- Islandmoos
- Vogelscheuche

Hilfsmittel

- Strohblumennadeln
- Steckmasse
- Draht
- Zange
- Schere

Material

- Papiersonnenblume
- Vergißmeinnicht, blau
- Hollunderbeerenzweig, schwarz
- Ranunkel, blau
- Zedernzweig
- Begonienblattranke
- versch. Getreide wie: Hafer, Weizen, Gerste
- gemustertes Band, 4 cm
- Band, goldgelb, 4 cm
- evtl. Tonscherben
- Naturbast
- Terrakottateller

Hilfsmittel

- Schere
- Zange
- Bindedraht
- Blumensteckdraht

Getreidebündel mit großer Sonnenblume

❶ Das Getreide zu einem handlichen Bündel legen und die langen Stiele mit einer Schere kürzen.

❷ Die abgeschnittenen Stiele auf das Bündel legen, dann mit Draht und zusätzlich noch mit Naturbast in der Mitte abbinden.

❸ Aus dem Blütenmaterial ein längliches Gebinde anfertigen. Dieses dann auf das Getreidebündel mit Draht (0,7 mm) festbinden. Auf der Rückseite den Draht zu einer Schlaufe drahen, so kann das Gebinde auch an einer Tür oder Wand dekoriert werden.

❹ Aus dem gemusterten und dem gelben Band eine doppelte Schleife binden, Anleitung siehe Seite 4. Diese wird auf der abgebundenen Stelle des Getreidebündels befestigt.

❺ Das Arrangement auf einen schönen Terrakottateller legen.

Tip

In das Gebinde kann noch eine Tonscherbe dekoriert werden, passend zu diesem ländlich rustikalen Stil.

Weidenschaukel mit Kuh

Material

- Holzblumen
- Beerendoldenzweig, grün
- Weidenschaukel
- Holzkuh
- Sonnenblumen
- Hortensien, rot
- Ranunkel, orange
- Hopfen
- Hafer
- Efeu
- Naturbast
- Waldrebenzweig
- Band, orange

Hilfsmittel

- Messingdraht
- Bindedraht

❶ Der Bast wird an beiden Seiten durch die Schlaufen der Weidenschaukel gezogen und als Aufhänger zusammengeknotet.

❷ Mit dem Floristikmaterial ein längliches Gebinde anfertigen. Mit dem Haferbündel beginnen und die Blüten nacheinander darauflegen. Alles mit Bindedraht (0,3 mm) befestigen.

❸ Aus dem orangefarbenen Band gemäß Seite 4 eine Schleife binden. Die Schleife in das Gebinde einarbeiten.

❹ Das Gebinde auf die Weidenschaukel kleben.
Danach den Efeu und die restlichen Blüten gegenüber einkleben. Die Holzkuh wird oben in die Mitte des Gebindes eingesetzt.

❺ Auch auf der Rückseite noch einige Blüten und Blätter drapieren. Wenn sich die Schaukel, je nachdem wo sie aufgehängt ist, dreht, sieht sie auch von der anderen Seite schön aus.

❻ Die Sonnenblumenblüten mit Messingdraht (0,3 mm) rispenförmig aufreihen und neben der orangefarbenen Schleife einhängen.

Neben dieser Auswahl aus der Brunnen-Reihe haben wir noch viele andere Bücher im Programm. Wir informieren Sie gerne - fordern Sie einfach unsere neuen Prospekte an:

- Bücher für Ihre Kinder: Basteln, Spielen und Lernen mit Kindern
- Bücher für Ihre Hobbys: Stoff und Seidenmalerei, Malen und Zeichnen, Keramik, Floristi
- Bücher zum textilen Handarbeiten: Sticken, Häkeln und Patchwork

Wir sind für Sie da, wenn Sie Fragen zu AutorInnen, Anleitungen oder Materialien haben. Und wir interessieren uns für Ihre eigenen Ideen und Anregungen. Faxen, schreiben Sie oder rufen Sie uns an. Wir hören gerne von Ihnen! Ihr Christophorus-Verlag

Hermann-Herder-Str. 4 / 79104 Freiburg i. Breisgau

Christophorus
Bücher mit Ideen

Tel: 0761/2717-268 oder Fax: 0761/2717